똑똑한 말 당당한 말 따라쓰기

이 책은
『똑똑한 말, 당당한 말』을 읽은 뒤
기억해 두면 좋은 말들을
직접 따라 써 보는
글씨 연습 책입니다.

바른 자세로 앉아
또박또박 쓰면서
똑 부러지고 휘둘리지 않는 마음을
길러 보아요.

글 고정욱

350여 권의 책을 펴내고 500만 독자의 뜨거운 사랑을 받으며 연 300회 이상 작가와의 만남이 열리는, 어린이 청소년 분야 최고의 작가. 성균관대학교 국문과 문학박사이자 2025년 세계 어린이 청소년 문학의 노벨상이라 불리는 아스트리드 린드그렌 상 후보에 올랐다. 소아마비로 중증 장애를 갖게 되었지만 '휠체어를 탄 아동 문학가'로 불리며 장애를 소재로 한 탁월한 작품들을 통해 많은 이에게 큰 희망과 용기, 감동을 주었다. 열정 어린 사회 참여로 편견 없는 세상을 만들기 위해 오늘도 쉼 없이 노력 중이다. 『아주 특별한 우리 형』 『안내견 탄실이』 『네 손가락의 피아니스트』 『까칠한 재석이』 등이 대표적인 작품으로 『가방 들어 주는 아이』는 MBC '책책책 책을 읽읍시다'에 선정되고 교과서에 실렸다. 어린이와 청소년에 대한 진심 어린 마음으로 독자들의 편지에 답장을 꼭 하는 것으로 유명하다.

이메일: kingkkojang@hanmail.net

그림 김정은

어린이책에 그림을 그리고 있다. 그림을 그릴 때 느꼈던 즐거운 마음이 보는 이에게도 전해지기를 바란다. 지금까지 그린 책으로 『백년 학교』 『오늘도 수줍은 차마니』 『여름이 반짝』 『분홍문의 기적』 『찰랑찰랑 비밀 하나』 『쥐눈이콩은 기죽지 않아』 『레고 나라의 여왕』 등이 있다. 그 외에도 다양한 책에 그림을 그렸다.

똑똑한 말, 당당한 말 따라쓰기

초판 1쇄 펴낸날 2025년 4월 25일

글 고정욱 | **그림** 김정은 | **펴낸이** 홍지연

편집 홍소연 고영완 이태화 이수진 김신애 | **디자인** 이정화 박태연 정든해 이설
마케팅 강점원 최은 신예은 김가영 김동휘 | **경영지원** 정상희 배지수

펴낸곳 (주)우리학교 | **출판등록** 제313-2009-26호(2009년 1월 5일) | **제조국** 대한민국
주소 04029 서울시 마포구 동교로12안길 8 | **전화** 02-6012-6094 | **팩스** 02-6012-6092
홈페이지 www.woorischool.co.kr | **이메일** woorischool@naver.com

ⓒ고정욱, 김정은, 2025
ISBN 979-11-6755-319-5 77800

- 책값은 뒤표지에 적혀 있습니다.
- 잘못된 책은 구입한 곳에서 바꾸어 드립니다.
- KC마크는 이 제품이 공통안전기준에 적합하였음을 의미합니다.
  책을 입에 대거나 책 모서리에 다치지 않도록 주의해주세요.

만든 사람들
편집 고영완 | **디자인** 이정화

똑똑한 말 당당한 말 따라쓰기

고정욱 글 김정은 그림

우리학교

"화가 난 내 마음이

풀릴 때까지 기다려 줄래?"

무조건 괜찮다고

말하지 않아도 돼요.

어떤 부탁은 참 곤란해요.

부탁을 거절하기는 어렵지만

다 들어줄 수는 없지요.

"생각해 보고

이야기해 줄게."

내 마음을 또렷이 말하지 않으면

친구들은 잘 몰라요.

마음이 불편할 때는 이렇게 해요.

"그런 말은 안 했으면 좋겠어."

짧게 말하면 오해가 생기기도 해요.

그럴 때는 실타래 풀듯이

길게 풀어서 말해 보세요.

'그러니까 내 말은…'.

딴생각하느라 친구의 말을

못 들어서 친구가 화가 났네요.

"미안해, 한 번 더 말해 줄래?"

보드랍게 말해 보아요.

보드랍게 말해 보아요.

놀 때도, 줄을 설 때도

친구랑 이야기할 때도

순서를 지키는 게 필요해요.

"이번엔 내 차례야."

'그만하자.'는 말은 소나기를

잠깐 피하게 해 주는 말이에요.

도서관 앞 버스 정거장의

작은 지붕처럼요.

"미안해. 몰라서 그랬어.

널 괴롭히려고 그런 게 아니야."

숨김없이 내 뜻을 말하면

친구 마음도 환해져요.

우리 모두에게는 놀라운 힘이
우리 모두에게는 놀라운 힘이

꽃씨처럼 숨어 있어요.
꽃씨처럼 숨어 있어요.

용기가 필요한 날, 틀림없이

가슴 깊은 곳에서 솟아올라요.

일곱 빛깔 무지개처럼

각자의 색을 가지면서도

어울려 살아가는 멋진 세상.

"다른 건 틀린 게 아니야."

"다른 건 틀린 게 아니야."

세상엔 정답이 없고

누군가의 말이

언제나 옳을 수는 없지요.

진짜 친구라면

고개를 끄덕일 거예요.

"내 생각도 들어 볼래?"

있는 힘을 다해도 안 된다면

그건 혼자 할 수 없는 거예요.

내가 모자라거나 의지가 약해서

그런 것이 아니에요.

어른들끼리만 속닥이면

무시당한 것 같아 기분이 나빠요.

아직 어리지만

우리도 할 수 있는 게 있어요.

억울한 일이 있으면

망설이거나 떨지 말고

천천히 또박또박 말해 보세요.

"제 잘못이 아니에요."

'~해 주세요.'라는 말에는

요술봉처럼 소망을 이루게 하는

힘이 있나 봐요. 도움이 필요하면

웃는 얼굴로 말해 보세요.

가슴을 찌르는 말에
가슴을 찌르는 말에

질 수는 없어요.
질 수는 없어요.

나는 그런 아이가 아니에요.
나는 그런 아이가 아니에요.

나는 소중하니까요.
나는 소중하니까요.

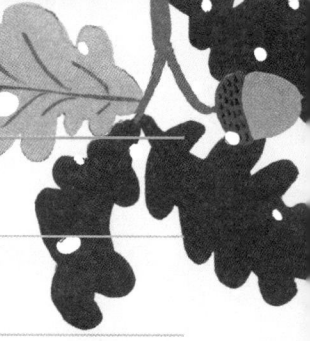

작고 어려 보일지 모르지만
작고 어려 보일지 모르지만

진짜 나는 크지도 작지도 않은
진짜 나는 크지도 작지도 않은

진짜 나예요.
진짜 나예요.

꼬마라고 부르지 마세요.
꼬마라고 부르지 마세요.

남자라서가 아니라

참을 만해서 참은 거예요.

여자든 남자든

울고 싶을 땐 울어요.

용기는 겁이 없는 게 아니라
용기는 겁이 없는 게 아니라

겁나도 하는 거예요.
겁나도 하는 거예요.

더 잘하고 싶어
더 잘하고 싶어

용감해지는 거예요.

언제나 기분이 좋을 수는 없어요.

이유 없이 기분이 가라앉을 때는

가만히 말해 보세요.

"그냥 마음이 그래요."

"꼭 다 잘해야 해요?"

조금 느려도 가끔 까먹어도

내 모습 그대로

괜찮다고 말해 주세요.
괜찮다고 말해 주세요.

하고 싶은 말이 있는데

들어주지 않으면

혼자 남겨진 것 같아요.

제 이야기를 들어 주세요.